失能老人护养丛书

护理人员指导老人如何玩游戏

20个技巧+50个自创小游戏

海南省普亲老龄产业发展研究院　编

中国社会出版社
国家一级出版社·全国百佳图书出版单位

图书在版编目（CIP）数据

护理人员指导老人如何玩游戏 / 海南省普亲老龄产业发展研究院编. —北京：中国社会出版社，2014.5

ISBN 978-7-5087-4718-7

Ⅰ.①护…　Ⅱ.①海…　Ⅲ.①老年人—游戏　Ⅳ.①G898

中国版本图书馆CIP数据核字（2014）第075696号

丛 书 名：失能老人护养丛书

编　　者：海南省普亲老龄产业发展研究院

书　　名：护理人员协助老人如何玩游戏

出 版 人：浦善新　　**策 划 人：**唐文湘　李百元

终 审 人：李威海　　**策划编辑：**谢田芳

责任编辑：毛健生　　**责任校对：**张爱华　宋亦工

出版发行：中国社会出版社　　**邮政编码：**100032

通联方法：北京市西城区二龙路甲33号

电　　话：编辑部：（010）58124837

邮购部：（010）58124845

销售部：（010）58124848

传　真：（010）58124856

网　　址：www.shcbs.com.cn

中国社会出版社官方旗舰店

社会工作者考试教材唯一指定天猫店

经　　销：各地新华书店

印刷装订：保定华泰印刷有限公司

开　　本：145mm × 210mm　1 / 32

印　　张：2.25

字　　数：40千字

版　　次：2014年11月第1版

印　　次：2014年11月第1次印刷

定　　价：12.00元

社会传媒

序 言

将游戏与运动结合起来

本书的主题是“帮助老年人玩游戏”。

边游戏边活动非常适合老年人。本书主要为养老院、养护站等养老机构的老年人介绍体操性游戏，帮助他们活动身体。

说到体操，大家可能会联想到广播体操。但这里讲的体操，不管从哪个方面讲，却都跟游戏一样。我们认为，让老年人一边玩游戏一边活动身体，可达到“游戏=运动”的目的。

老年人体操游戏中，我们要考虑的，也是最重要的事情，是“针对每个老年人的自身情况，让其充分活动身体”。为达到这个目的，制订“促进自主活动的措施”十分必要。当然，老年人做游戏，不能只拘泥于体操这一种形式，只要能够达到充分活动身体的目的就可以了。老年人体操游戏的目的，是为了维持老年人的身体机能，提高老年人的生活质量。

帮助老年人玩游戏十分有益。但有的时候，护理人员也会有只单纯考虑游戏本身的情况，如果这样的话，结果往往并不如人所愿。因为每位老年人的身体情况、心理状况和精神面貌都会存在差异。

根据以往的经验，只掌握帮助老年人开展游戏的技术还远远不够，那么，读者应如何借助本书全面学习、掌握这些内容呢?

第一章　主要讲述了帮助老年人玩游戏时的技术。

帮助老年人活动身体时，并不只是关注身体本身，更重要的是，要激发其想活动的兴趣。希望读者一边阅读，一边思考怎样才能带动老年人的情绪。

第二章　关于“游戏”内容、特征的介绍。

①利用身边的道具或音乐（歌曲或旋律）来进行（能简便实施）

②游戏种类多（不要固守陈规）

③坐着也可以进行（站立、坐着都可以实施）

④游戏能够灵活应用（简单的游戏、困难的游戏都能进行）

⑤几乎没有等待的时间（增加活动身体的时间）

尽量不要有“（对于我家的老年人）这个游戏太勉强了、太困难了，不能够做到”这样的看法，如果以“这个游戏要怎样才能做到呢”、“这样做的话，可能会增加游戏的娱乐性呢”等视角看的话，实施游戏的可能性就会大得多。

作者的话

比技术更重要的是目标

游戏的目标设定不能模糊

“有没有可以让大家一起娱乐的游戏？”

“请教给我让大家都能热烈动起来的游戏，好吗？”

我们在组织养老机构的社工活动时，经常会碰到这样的问询。他们“设法取悦老年人”的心情，我们深切地感受到了。

那么，以更轻松的心情进行所谓的游戏，要如何做呢?

除了获得援助游戏的技术，思考援助的目标也是必要的。“为了什么”的意识越强，越有利于满怀信念地完成活动。所以，要注意目标的设定不能模糊。

帮助老年人玩游戏时，有比技术更重要的东西

比起帮助者的技术外，个人的热心才是真正重要的吧。

很多时候，大家可能正是因为只想着“如何让老年人高兴”、“如何让气氛热烈起来”，而对“为了什么”这样的目标反而不关心了。因此，对于顺利帮助老年人玩游戏这件事，真正重要的不是技术，而应该是目标和思想。

不要局限于一般常识和习惯，请冷静地将“真正重要的东西是什么”反复思量，进行自问自答。多次思考后，你会发现，只有这样做（考虑游戏的目的），才能更好地达到帮助老年人活动的效果。

丰富游戏形式和内容

老年人游戏等娱乐活动可分类如下：

① 身体型活动（运动、体操、游戏活动等）

② 文化型活动（音乐、绘画等）

③ 教养型活动（舞蹈、音乐、茶道、花道等的学习）

④ 娱乐型活动（电影、弹球戏等）

⑤ 修养型活动（宽心、闲逛等）

⑥ 移动型活动（兜风、旅游等）

⑦ 自然型活动（散步、赏花等）

⑧ 社会型活动（闲谈、聚餐等）

⑨ 奉献型活动（帮忙、志愿者活动等）

⑩ 节日型活动（节日、生日、固定活动等）

看了这些，你是不是也觉得“娱乐活动竟然有这么多啊”，原来宽心、闲谈、帮忙等都是可以作为娱乐活动的。事实上，娱乐活动可能比本书所能想到、列举的还要多得多。所以，尽力思考和创造吧，你想到的提高老年人生活质量的方法一定还有很多。

MULU

目录

MULU

第一章　20个重要的护理技巧

调动老年人活动身体的积极性1——说出大量漂亮的词语

重视语言的运用对健康非常重要。也就是说“语言里包含着能量”、“适当运用语言能够打乱一个场所的能量平衡”。

套用这句话，也就是“若是留心合理运用语言，就能够使某个场所充满能量”。

因此，在帮助老年人做体操时，要不断使用会让他们觉得“我很棒”的词语。

比如，“生气勃勃地”、“优美地”、“有力地”、“舒展地”、“畅快地”、“微笑”、“慢慢地”、“小心地”等等。

其他还有“早上好”、“你好”、“请多关照”、“谢谢”等这样的语言，有意识地多多使用这些词。

优美的语言是老年人的健康之源。不断向老年人传递“你很棒”这样的语言信息，可以给老年人带来信心。

调动老年人活动身体的积极性2——充分活动身体

让老年人活动身体，达到哪种程度才好呢？有工作人员认为，让老年人勉强活动也是不行的。

若只考虑受伤风险的话，那不活动不是更安全吗？工作人员这样思考的目的，只是为了回避自己的风险而已。如果这样，老年人的身体健康和心理状态就会受到很大的影响。

其实，我们创造的体操活动，大部分时间是站立进行的，确实会存在老年人能不能做到、会不会摔倒等方面的担忧。但长期的实践证明，很多老年人在结束游戏活动之后，大家心情愉悦、情绪饱满，我们的那些不安也就消失了。

所以，既然是活动身体，就一定要把身体活动开。而要使老年人真正活动开身体，工作人员必须想方设法创造出活动的机会和气氛，这非常重要。

调动老年人活动身体的积极性3——挑战困难的事情

“让老年人玩困难的游戏，不行吧？”可能会有人这样想。我们在组织游戏时，应敢于挑战那些看起来困难的游戏。

开展游戏的目的是“充分活动每一个人的身体”，因此，不管老年人完成得好不好，只要能够获得足够的活动量就可以了。即便是对困难的事情，也要帮助他们，努力使其快乐地付诸实践。

例如，我们组织做这样的游戏：在把沙包向上抛的时候闭上眼睛，预测它落下的位置并努力接住。闭着眼睛接沙包是非常困难的事情。

示范过后，总能听到周围参加游戏的人说：“哇！这么难。”但是，真正试着做的时候，老年人一样会有非常快乐的体验。要注意用“即使落下来也不要在意”、“请慢慢尝试着做”等语言进行鼓励。

而且在反复尝试之后，肯定会出现能够做到的老年人。正是因为完成了这样有一定难度的事情，老年人才能体验“做到了”的成就感，这对周围的老年人也是有利的刺激。

不管困难与否，终归只是一个游戏，只要能够使老年人运动起来，就没什么不好。

心情愉悦地活动身体的启示——消除等待时间

帮助老年人做游戏时，为了充分活动身体，应尽量减少等待的时间。

例如，30个人一起玩按顺序套圈的游戏。若一个人需要约1分钟，那全体就需要30分钟。这样一来，虽然花了30分钟的活动时间，但每个人的活动时间实际上只有1分钟。

要想消除等待时间，换个说法，就是要组织大家一起进行活动。

请想象一下孩子们在校园玩跳绳的游戏。每个孩子都在运动，这样就能够有效地利用时间。

顺便说一句，大家一起做游戏时，要准备好足够的道具。当然，并不一定需要准备什么特别的道具，利用身边的道具就可以了。

安心、轻松地参加游戏——努力使其“不介意”

体操开始前，要多鼓励参与活动的老年人：“不要有心理负担，请尽情地做游戏吧。”这句话有两层意思。

一是即便做得不如自己所想的那么好，也不要在意。老年人在活动身体时，常常会觉得力不从心。这样一来，就不能够心情愉悦地活动身体了。只有承认这一点，才会不太介意结果。所以，“即使做得不如预想的好，也请不要在意”、“只要有想活动活动的心就足够了”，这样的鼓励十分必要。

二是不要在意他人（不要将自己与他人进行比较）。要是跟比自己身体机能更好的人比较，就容易产生“我比别人差”这样的失落感。这样一来，就不能心情愉悦地活动身体了。为了避免出现这样的结果，工作人员就要多说“请不要在意其他人”、“以达到自己的100分为目标”这样的话。

使自己的心情更从容1——明确自己的努力目标

在帮助老年人做体操时，一定要有明确的目标。为了做到让每一个老年人都能充分活动身体，要将必要的事项列为努力目标。比如，工作人员可将“经常褒奖”、“微笑”、“精神饱满”、“快乐”等列为目标。

明确自己的努力目标后，就能够集中意识专心做事，类似“这个时候该怎么办呢”这样的困惑，就不会出现。

努力的目标要明确，比如要像“笑”、“褒奖”这样，非常具体，并且是自己稍加注意就能够做到的事情。相反，含糊的目标，或者自己不能直接做到的事情，如“让大家都高兴”、“让气氛热烈起来”等，作为努力的目标就不是很适宜。而且为了达成大的目标，先要实现自己能够做到的一个个小目标。在心理学上，即是所谓的“小步法则”。这样一来，你就能够积累更多的经验来协助老年人做游戏。

使自己的心情更从容2——思考工作的本质

我们在老年人体操中加入了多种元素，例如猜拳、掷骰子和拍球、传球的游戏等。

这样做，既可以让老年人高兴一点，更是想让他们充分活动身体。活动身体与心灵的充实感紧密相关。也就是说，身体活动能达到愉悦心情的效果。

所以，活动中，不用一味考虑“怎样才能让老年人高兴”，而只需要简单考虑“怎样才能让老年人充分活动身体”

就可以了。

一定要记住，这项工作的本质，既不是“让气氛热烈”，也不是“让活动有趣”，而是为了帮助老年人活动身体。“让气氛热烈”、“让老年人高兴”等，说到底，也只是活动身体的结果，要区别开来才好。

让老年人精神起来的暗示1——大声喊出来

护理人员在帮助老人做体操时，要对老年人说“身体和嘴巴一起活动才好”，鼓励老年人大声地喊出来。

例如，向上抛沙包的时候，不要闭着嘴巴不出声，“走呢……”这样喊出来比较好；也可以一边“1、2、3……”地数数（出声），一边进行活动。

同样，在用塑料瓶进行空抡时，也要“哎……”、“呀……”这样喊出来，饱含气势，就像在进行剑道练习一样。

根据以往的经验，大声喊出来对活动身体是有好处的，尤其是对于身体机能低下的老年人来说，是非常好的事情。大声喊出来，还可以使心情变得愉悦。而且，因为大声喊了出来，全体老年人就会表现出一种生机勃勃的形象。

大声喊出来，是充分活动身体的一个秘诀。

让老年人精神起来的暗示2——建立两人组

实践中，应尽量创造两人一组的游戏机会。

在建立两人组时，还要鼓励参与者们，“请和旁边的人组成一组”。对于可以单独完成的游戏，就让其独立完成。对于腿脚不方便的人，工作人员要给予他们帮助，例如，在老年人看护机构，那些腿脚不便的老年人，或许仅仅挪个地方就有可能是件大事，但若以此作为一种运动方式的话，花上大量时间慢慢地做，也是挺好的。

建立两人组的好处是："可以相互接触"和"提高积极性"。

例如，当工作人员发出"请互传10次沙包"、"请数着数配合好"的指令时，因为有伙伴在，就会自然而然地响起"1、2、3、4……"这样很有节奏的数数声。在这样充满活力的气氛中开展游戏活动，必定使老年人乐趣大增。

而且，以两人组来进行游戏，由于建立了明确的伙伴关系，进而可以使参与的老年人感受到友情与合作的双重成就感。

所以，多建立两人组参与游戏，效果会很不错。

助手的作用——愉快地参与

组织体操游戏时，除了组织者，也会需要其他的护理人员来帮忙。大家要抱着"工作好快乐"的想法，与老年人们一起"愉快地参与其中"。

比如在组织体操游戏时，当组织者说"把饮料瓶的盖子朝下立在手掌上，保持住平衡"时，如果有位助手就在一边忘我地做示范，一边发出表示惊讶的"哎呀"、"喔"的叫声，效果就会好很多。

当然，除了兴致勃勃的参与者，如果还有一直面带笑容的人和大声附和（在适当时机）的人在场，大家都忘情于游戏中，这次游戏的目的也就真正达到了。

克服年龄差——在言行中体现出自信

一般来说，护理人员因为年轻，面对年长者，容易表现得过于拘谨。在开展体操类健身时，组织者如果显露出拘谨的话，就难以营造出积极健身的氛围。

举个例子吧。如果老师上课时畏首畏尾，学生们会怎么想？他们一定会产生“这个老师有问题吧”这样的不信任感。这是同样的道理。

所以，护理人员在组织开展此类健身活动时，一定要做到态度从容，言语充满自信。这样，老年人们会有安全感，也会有参与健身的欲望。

如果有机会的话，大家可以多跑跑健身俱乐部，好好地去听听健身教练是如何说话的。考虑到来健身的都是“顾客”，健身教练不但言语客气，而且身体动作也都十分积极、到位。当然，除了说话方式，健身教练的态度、营造气氛的方法等，有很多值得我们借鉴的地方。

总之，在组织老年人做游戏时，保持自己的言行自信很重要。

增加游戏储备1——改换道具

工作中，常常会听到有人抱怨“游戏数量太少了，真烦”。其实，只要改变思路，自己动脑构思游戏，就可以弥补这一缺憾。

组织新游戏，考虑的重点是试着改换道具。即便是同样的玩法，只要改换了道具，参与者就会有一种截然不同的新感觉。

例如，上抛沙包再接住的游戏，就可以改用其他的道具：把毛巾卷成团来抛，抛塑料汽水，把塑料袋做成气球来抛，把手帕卷成团来上抛，等等。

道具一变，它的重量、形状也不一样了，运动的感觉会发生很大的变化，随之身体的动作也会有微妙的不同。正因为有这些方面的变化，即便是一样的玩法，老年人们也会感觉在玩一个全新的游戏。

本书后半部分会介绍用塑料汽水瓶、沙包、手帕、毛巾、塑料袋这5种道具所开展的游戏，合计有50种，如再加上扩展玩法的话，会有100种以上。希望大家在实践应用中加入新的元素，那游戏的种类就会更多了。

增加游戏储备2——重“量”而轻“质”

“怎么也想不出新游戏来。有什么诀窍吗？”

构思新游戏，常常会让人陷入困惑。其实，组织游戏时，重点是“量大于质”。在一些特定场合，当有人想出“10种用塑料汽水瓶来开展的游戏”后，总有人还能想出更多种玩法。当然，也会有连一个玩法也想不出的人。

想不出任何玩法的人，也许是从一开始就存在很强的“游戏嘛，就一定要好玩”的意识，因此就认为“这也不行，那也不好”，自己就给全盘否决掉了，结果当然是一个想法也没有了。

回到我们的话题——重要的是“量大于质”。即便乍一看觉得像是挺无聊的游戏，开展起来会怎样还真不一定呢。以往的经验是，真正开始以后，往往会有很多非常有趣的体验。

想到了新游戏，不妨试着做做看。即便试验效果不理想，也没关系，说不准还给下一个新游戏以启发了呢。

游戏的先后次序——由简而始

游戏要顺利进行，其次序安排的基准，应该是从简单的内容开始。比起一下子进入困难的环节，慢慢地由简入难，游戏的节奏会更加流畅。

例如，上抛沙包并接住的游戏，抛1个沙包和同时抛2个沙包，哪种更简单呢？对！正如你所想的，对大部分人来说，抛1个沙包更简单。所以，游戏应从玩1个沙包开始。

顺带说一下，组织该游戏时，一开始并不直接就上抛沙包，而是先说“请把沙包举起”，由举起这一类动作开始，把“举起（即举起手）”也当作一个游戏环节来对待。然后，再让参与者做：“请放在手掌上；请放在手背上；请放在拳头上；请用手指夹住；请用另一只手重复同样的动作……”先做这些能轻松完成的动作，再做上抛动作。

从专业角度来说，“由简渐渐入难”是一个基本原则。哪怕“渐渐入难”这一过程也有困难，但正因为过程中着力于“由简而始”，对于锻炼效果来说，还是十分理想的。

游戏的维系方法——写明步骤

“怎样做才能很顺利地开展游戏呢？”

实际工作中，大家还是会有很多疑问。要解决这个问题，可事先写明游戏的步骤。

例如：把饮料瓶立在手掌上→把饮料瓶立在手背上→把饮料瓶立在拳头上→把饮料瓶倒立在手掌上（瓶盖向下）→把饮料瓶立在膝盖上→把饮料瓶立在头顶上……

这些内容不能只写在备忘录里，也要用大字写在黑板上。这样做，不但不会遗忘，而且，因为在头脑中反复整理过思路，所以开展游戏时可以很安心，这样游戏节奏就会变得很流畅。

总之，不管你经验有多丰富，都应预先写好游戏的步骤。

如何制订游戏计划——把过程分为三部分来考虑

制订游戏计划时，把整个过程分为热身、主要游戏、整理活动3个部分来考虑。

游戏计划组成的顺序是：①热身运动；②主要游戏；③整理运动。先要决定主要游戏的道具。决定了道具后，先写好用这个道具可以展开的游戏。以该游戏的时间为基准，预留出1.5～2倍的时间。至于热身和整理运动，可以采用简单易行的准备运动就可以了。

热身的关键——让手动起来

要坚持实践“游戏=运动”的理念，所以，游戏前要做热身运动。热身，如同字面意思，即让身体温暖起来。

一般的热身运动，大多做简单的体操。常规的热身方式，通常是花不少时间把手部运动起来。在老年人的身体部位中，手部是只要稍加注意就能运动起来的，先“动手”在身体机能和安全方面都非常适合老年人。

手部热身中，握拳再张开手掌是非常好的运动。慢慢地、认真地做10次，轻轻地做10次，用力做10次，快速做10次，快速而有力地做10次，等等；通过不断改变节奏和强度来做手部的热身运动。

此外，要求手部运动的同时，也要有力地喊出类似猜拳“石头”、“剪子”、“布”等发力的声音。时间长的话，有时会持续“动手”近30分钟。这样，就可以进入正式游戏内容了。

让老年人活动身体的神奇“咒语”——步骤分解

在对老年人做游戏说明时，需要把一个动作拆分成几步来讲解。这样能让老年人有更多的身体活动时间。

请看下例：握住毛巾的两端并用单足跨越时，一般人通常会说成“请握住毛巾的两端，用单脚跨越”，老年人们也会按照所说的做。若把这一过程预先细拆，就可以变成如下表述：①“请拿住毛巾”；②“请拿住毛巾的两端”；③“拿毛巾的双手请向前伸出”；④“请弯腰把毛巾往下降”；⑤“保持平衡并请抬起一只脚”；⑥“请把膝盖再抬高一点”；⑦“抬脚尖”；⑧“O～K!”（已跨越毛巾）。

同一个活动，每个步骤的分解越细微，腿脚有毛病的人越容易做到更多动作。所谓细分，就是把动作拆分成一个个更小的步骤。对跨越毛巾这一过程的细分，就能拆分出上述增加的一系列动作（运动）。

这样分解后，哪怕腿脚有毛病的人，即便只能一起做到第④步，也能体会一起游戏的乐趣，最终从整体上增加了所有参与者的运动量。

引起好奇心——做示范以引起兴趣

组织进行游戏时，要边演示边进行说明，给参与者演示整个游戏过程，自然更易懂，而且也容易营造出“我也想模仿着看看”的气氛。

比如做如下动作:把饮料瓶放倒在脚边，并用单脚把瓶子立起来。即便什么话也不讲，所有参与者都会津津有味地观看整个过程。

一旦组织者说“请大家一起来”后，大家就会迫不及待地各自开始。这时，组织者可插上一句带有可惜语气的“哎呀”或者很惊讶地叫着“喔、喔”来烘托气氛。

一会儿有人成功完成了，组织者就要恰到好处地告一段落，接着演示下一个游戏。

可能会有人担心“自己演示的不一定好”，其实大可不必。演示的真正目的，是让参与者明白怎么玩就行了。若演示得不太成功的话，参与者在做得比你更好时，反而更容易产生成就感。

游戏队形的排列——了解队形的特征

进行游戏活动时，可以采取各种不同的队形。组织者对队形特征要有所了解。

主要的队形包括圆形和自由队形两种：

所谓圆形，就是参加者围成一圈。圆形队形的特点是参加者可以看见每个人的脸部表情，适合于相邻的两个人牵手、传递球或毛巾等物品（就像救火时传水桶一样）、随意地踢传球等活动。

圆形队形有不足，如若人数众多而场地空间有限时，就很难使参加者保持足够的间隔。

所谓自由队形，正如字面意思，是随意散开的队形。健身俱乐部里做有氧操或瑜伽时大多采用自由队形。

自由队形的特点是可以有效地利用空间，特别是进行体操之类活动身体的项目时，足够的间隔距离是很重要的。根据经验，采用自由队形时，更多的老年人总想去后排待着，而把前面的区域空出来，这时最好有谁来带个头往前站（坐）。

两种队形都要有优、缺点，在理解不同队形的长处和缺陷的基础上付诸实践才更重要。

第二章　50个简单的自创小游戏

第1部分　使用塑料袋让身体动起来

工具：塑料袋（长30厘米、宽20厘米）

塑料袋可用超市里装鱼或蔬菜等的小袋子。

塑料袋里装入空气后紧紧结上袋口（可以用橡皮筋），做成像纸气球那样；也可以让大家一起动手做。

本书称之为“塑料气球”。

主要目的和效果

舒展身体

辨别动态物品

维持并加强腿脚功能

维持并加强身体的灵巧性

维持并提高专注度

放松身心

1. 单人上抛

所需时间：约5～10分钟

等级：简单

不同于以往的纸气球，用塑料气球做游戏吧。

玩法

①给每个参与者准备1个塑料气球。

②上抛气球后连续击打，使气球不下落。

③一边击打一边数数，试着做到10次。

要点

试着以纸气球的玩法要领来击打塑料气球。

应用

使用双手自由击打。

分别用左、右手单独击打。

把击打的目标次数增加到20次、30次。

两人一组共同游戏。

2. 口袋接球

所需时间：约5分钟

等级：稍难

棒球选手最拿手的那种接球法。

玩法

①给每个参与者准备1个塑料气球。

②把塑料气球向身后抛，然后在后腰部接住它。

③看看10次中能试着接到几次。

要点

试着不是向后，而是向头部上方投出，以身体稍稍前倾的姿势来接球。

应用

用左手或右手单手做做看。

3. 两人对抛

所需时间：约5～10分钟

等级：简单

像玩传统的毽球一样不让塑料气球落地。

玩法

①参与者2人一组，准备1个塑料气球。

②两人相距1m、相向而坐。

③其中一方击打出塑料气球后，另一方把球击回。

④试着连续击打10次而球不落地。

要点

击打时要发出“嘿、嘿”的用力声。

应用

试着挑战一下不落地相互连续对击的最高次数。

把目标试着增加到15次、20次。

4. 颠球

所需时间：约5分钟

等级：稍难

连续使用脚部颠球，感觉就像是足球运动员。

玩法

①给每个参与者准备1个塑料气球。

②让气球落向膝盖，用膝部顶起并用双手接住。

③能漂亮地接住算成功一次。

④看看10次中能成功几次。

要点

塑料气球要直落向膝部。

应用

用另一条腿做做看。

试着不用膝盖，而用脚踢起气球。

试着不用手接球，用脚连续踢起气球。

5. 扣球

所需时间：约5分钟

等级：简单

像打排球一样，用力扣球。

玩法

①给每个参与者准备1个塑料气球。

②自己把球上抛后，从头上方用手扣击。

③尽量把塑料气球扣向更远处。

要点

用双手准确地把球抛向自己容易发力的位置。

应用

用另一只手做做看。

比赛一下谁扣得更远。

6. 用头顶球

所需时间：约5分钟

等级：普通

看上去蛮难的头顶球，用塑料气球的话就简单多了。

玩法

①给每个参与者准备1个塑料气球。

②把球上抛后，用头部接住。

③能漂亮地接住算成功一次。

④看看10次中能成功几次。

要点

试着不是把球向上抛，而是把球抛向头顶上方。

应用

试着接住球后在头顶平衡住。

7. 双手抛球

所需时间：约5～10分钟

等级：稍难

操纵1个球不难，2个同时来会怎样呢？

玩法

①给每个参与者准备2个塑料气球。

②把2个球同时上抛再接住。

③2个球都能接住算一次成功。

④看看10次中能够成功几次。

要点

2个球同时而不是分别上抛的话，会更容易接住。

应用

试着不是接住，而是用手连续击打使球不落地。

8. 抛沙包

所需时间：约5～10分钟

等级：普通

用塑料气球代替沙包，谁都一玩儿就会。

玩法

①给每个参与者准备2个塑料气球。

②两手各拿1个球。

③在把右手的球向上抛后，左手迅速将球移到右手。

④落下的球用左手接住，像玩抛沙包游戏一样反复进行。

要点

起初可以抛高一点，给左、右手的交替传接留下空间。

应用

试着把目标增加到10次、20次。

反过来试着用左手抛，右手接。

9. 拍毽球

所需时间：约5分钟

等级：简单

毽球，更简单的游戏。

玩法

①给参与者每人准备1个塑料汽水瓶和1个塑料气球。

②手持汽水瓶的瓶盖部分。

③把球向上抛后，用瓶子连续击打使气球不落地。

④试着把目标定在10次。

要点

轻击更容易达成目标。

应用

用另一只手试着做做看。

试着把目标定到20次、30次。

第2部分　玩沙包活动筋骨

工具：沙包

无论是手工制作的，还是在市场上购买的沙包都可以。沙包里面一般是小豆和念珠等，据说最近为了防止生虫也会加入串珠和药丸。

每个人有两个以上沙包的话，就可以有多种多样的玩法。

主要目的和效果

放松身体

感受移动物体

巧妙性（灵巧度）的维持和提高

注意力的维持和提高

促进交流

彼此合作

分散压力

1. 闭眼抛接

所需时间：约5分钟

等级：普通

看得到的话自然可以做到，一旦闭上眼睛呢？一定很有趣。

玩法

①每个人各自准备1个沙包。

②将沙包向上抛起后，闭上双眼。

③向前伸出双手，此时保持双眼紧闭，接沙包。

④漂亮地接住沙包的话，那就算非常成功。

⑤试试看，抛接10次有多少次成功。

要点

如果能够事先预测到落地点再抛掷沙包那就好了。

应用

试试单手抛接吧。

不要等抛掷沙包后才闭上双眼，试试一开始就把眼睛闭上吧。

2. 屈膝接

所需时间：约5分钟

等级：简单

只需要让沙包落在膝盖上。这也不简单哦，加油吧。

玩法

①每个人各自准备1个沙包。

②将沙包向上抛起。

③不要用手接沙包，让它自己落在膝盖上。

④试试看，抛接10次有多少次成功。

要点

为了让沙包落在膝盖上，不只是活动双腿而已，亲自尝试一下吧。

应用

脸部高度、头部高度、头部上方等，试试灵活改变沙包抛掷的高度吧。

3. 双手抛接

所需时间：约5分钟

等级：简单

合拢在一起或是两手分开抛接，哪种都好玩。

玩法

①每个人各自准备好2个沙包。

②试试并拢双手同时将2个沙包向上抛掷吧。

③两个都能接住的话，就算非常成功。

④挑战一下，10次抛接有多少次成功呢。

要点

努力做到在抛接2个沙包时，动作有序，不要乱。

应用

试试双手各拿着1个沙包，然后同时将2个沙包向上抛掷吧（双手分开的情况下抛掷）。

4. 组对抛接

所需时间：约5分钟

等级：普通

考虑对方的心情，这会有利于沙包的抛传。

玩法

①两人一组，每组各自准备2个沙包。

②双手并拢捧着2个沙包，然后同时将2个沙包抛给对方。

③做到一个不落地接住沙包，就算是非常成功。

④连续抛接10次不要停下来。

要点

努力做到在抛接2个沙包过程中不会乱无章法。

一边回应“好咧！”一边玩。

应用

试试双手各拿1个沙包，互相抛接吧。

5. 传递

所需时间：约5分钟

等级：普通

配合彼此的节奏，喊口号，“一二三……开始！”

玩法

①两人一组每组各自准备2个沙包。

②两人各自用右手拿1个沙包。

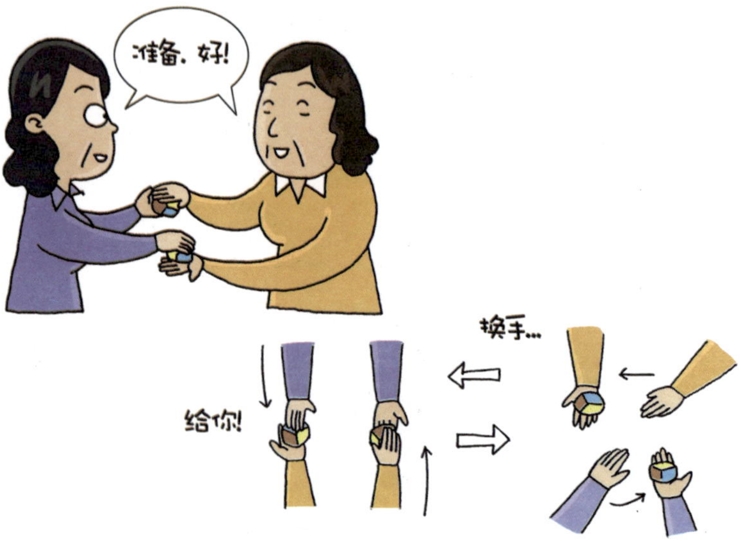

③把自己右手上的沙包递到对方左手上。

④把传到左手上的沙包递到右手，并重复以上同样的动作。

⑤试试连续传递20次吧。

要点

注意是右手传左手接。

应用

试试反过来，左手传右手接。

试试配合歌曲《龟和兔》来传递吧。

6. 环形抛接

所需时间：大约5分钟

等级：普通

这是以前令人怀念的沙包游戏。尽情享受吧。

玩法

①每个人准备2个沙包。

②每只手各托着1个沙包，然后将右手上的沙包向上抛掷。

③快速地将左手上的沙包递到右手上。

④用左手抓住落下来的沙包，然后重复之前同样的动作。

要点

稍微将右手上的沙包抛高点，就能稳妥地接住。

应用

连续10次、连续20次、连续30次，试试循序渐进地增加目标次数。

7. 手部运球

所需时间：约5分钟

等级：普通

这也是沙包的玩法之一。

玩法

①每个人各自准备1个沙包。

②将沙包轻轻向上抛掷。

③用手背接住落下来的沙包。

④按以上步骤将沙包轻轻往上抛然后接住球。试试连续重复10次这样的动作吧。

要点

将沙包向上抛出，让它在半空中多停留一会儿更好。

应用

同样的动作，试试用另外一只手来运球。

增加到2个沙包，用双手再试试吧。

8. 开出好球

所需时间：约5~10分钟

等级：普通

玩得精彩的话，就这样子喊“好球”！

玩法

①每个人各自准备2个沙包。

②准备一张桌子。

③尽量将沙包准确投掷到桌子上。

④每个人各投两次球，投掷到桌子上就算非常成功。

⑤每个人各有5次机会，看看10次投球能投中多少次吧。

要点

从下往上投掷，很容易投中。

应用

试试在距离桌子1m、2m、3m处投球吧。

试试背对桌子，往后投球吧。

9. 托球游戏

所需时间：约5~10分钟

等级：普通

玩剑玉很困难，但是这样做的话也许就能轻松做到。

玩法

①每个人各自准备1个沙包和1个塑料瓶。

②握住塑料瓶的瓶盖部分，再把沙包放在塑料瓶上面。

③就这样将沙包往上抛，让下降的沙包落到塑料瓶上，不要让它掉到地面。

④10次之中，有几次成功呢，试一下吧。

要点

首先，把塑料瓶托放在胸前，然后再开始抛球。

应用

试试用另外一只手抛球。

试试把沙包放在塑料瓶底部来抛球。

试试用2个沙包来抛球。

10. 三球抛接

所需时间：约5分钟

等级：稍难

你一次能玩多少个球呢？3个、4个、还是5个呢？

玩法

①每个人各自准备3个沙包。

②将3个沙包同时向上抛掷。

③一个不落接住全部沙包的话，就算是非常成功。

④试试看10次有多少次成功吧。

要点

要使沙包在抛接过程中不乱章法，需要掌握抛球技巧。

应用

试试单手抛接3个沙包。

4个、5个，试试增加沙包的数量吧。

第3部分　使用塑料瓶活动筋骨

工具：塑料瓶（2公升大小）

如果没有2公升大小的塑料瓶，可以用小一点的代替（使用大一点的塑料瓶容易操作）。

用圆筒状（圆柱形）的或是四方形（四方体）的塑料瓶都可以。

主要目的和效果

放松身体

巧妙性（灵巧度）的维持和提高

注意力的维持和提高

平衡感的维持和提高

握力的维持和提高

彼此合作

促进交流

分散压力

1. 手部平衡

所需时间：约5分钟

等级：普通

在玩的时候，不知不觉就着迷了。

玩法

①每个人各自准备1个塑料瓶。

②将塑料瓶的瓶盖部分放在手掌上。

③就这样，试着保持手部平衡感。

④维持得越久说明手部平衡感越好。

要点

腾出足够的间隔来玩吧。

应用

试试用另外一只手玩吧。

试试用手背来玩吧。

2. 头部平衡

所需时间：约5分钟

等级：普通

这样的姿势会比较好吧。

玩法

①每个人各自准备1个塑料瓶。

②将塑料瓶放在头部。

③就这样试着保持平衡。

④保持时间越长说明头部平衡感越好。

要点

稍微挺直腰杆再做。

应用

并拢膝盖，把塑料瓶放在膝盖上，然后不要用手，只靠腿保持平衡吧。

3. 唤醒身体

所需时间：约5分钟

等级：稍难

要是瓶子倒了，就可以进行活动腿脚的游戏了。

玩法

①每个人各自准备1个塑料瓶。

②在脚边放置一个倒着的塑料瓶。

③用两脚扶起塑料瓶。

④扶起塑料瓶就算成功。

要点

一开始要把瓶子放置得易于扶起。

应用

试试用一条腿让塑料瓶立起来。

试试将塑料瓶倒立（瓶盖向下）吧。

4. 背后交叉传递

所需时间：约5分钟

等级：偏难

玩的过程中，自然而然就可以放松身体。

玩法

①每个人各自准备1个塑料瓶。

②一只手拿塑料瓶，穿过肩膀处，递换给另外一只手。

③试试连续10次重复同样的动作。

要点

下面的手够不到塑料瓶的话，让塑料瓶掉落再接住也可以。

应用

试试替换一下双手的位置来玩吧。

5. 迅速抓瓶

所需时间：约5分钟

等级：普通

快速抓瓶、抓瓶、抓捉瓶。

玩法

①每个人各自准备1个塑料瓶。

②握住塑料瓶下部。

③放开手，再快速抓住塑料瓶上部。

④能够做到出色地抓住塑料瓶，那就算非常成功。

要点

注意在脸部高度进行。

应用

试试用另一只手玩。

试试拿着塑料瓶上部，再放手抓住下部。

6. 单人抓瓶

所需时间：约5分钟

等级：偏难

可能比接球更难。

玩法

①每个人各自准备1个塑料瓶。

②将塑料瓶往上抛掷，再用双手去抓住。

③准确无误地抓住塑料瓶的话最好。

④挑战一下，看10次能够抓住几次。

要点

注意要让抛上去的塑料瓶落在胸前的位置。

应用

试试单手抓瓶吧（左、右手）。

试试纵向或是横向抛掷塑料瓶吧。

7. 尽情挥舞

所需时间：约5分钟

等级：普通

尽情地挥舞塑料瓶吧！很痛快哦！

玩法

①每个人各自准备1个塑料瓶。

②单手牢牢握住瓶盖部分。

③就像手掌往下侧劈一样，将塑料瓶往下挥舞。

④边喊着“呀！”边挥舞10次。

要点

打起精神边喊边玩吧。

应用

从上往下大力挥舞。

从斜上方往下挥舞。

横向挥舞。

刺出。

8. 快速抓瓶

所需时间：约5分钟

等级：普通

这样做，反射神经可能会变得灵敏。

玩法

①两人一组各自准备1个塑料瓶。

②其中一人将塑料瓶从上往下扔。

③另外一人用双手快速抓住塑料瓶。

④准确无误抓住的话就算是非常成功。

⑤每个人5次机会，交替着玩。

要点

将塑料瓶从高处扔下可以轻松抓住。

应用

试试单手抓。

先出声示意：“开始！”再抛掷塑料瓶。

试试不开口就抛掷塑料瓶。

9. 爽快的按摩

所需时间：约5分钟

等级：简单

用塑料瓶来按摩手够不到的部位吧。

玩法

①每个人各自准备一个塑料瓶。

②抓住塑料瓶的瓶盖部分，拍打自己的肩膀。

③均匀地拍打脖子、背部、腰、膝盖和腿肚子等部位吧。

要点

在能让心情愉悦的场所尽情拍打吧。

应用

换成另外一只手拍打吧。

10. 翻转抓瓶

所需时间：约5分钟

等级：简单

宛如体操选手伸展身体翻跟斗。

玩法

①每个人各自准备1个塑料瓶。

②用双手拿塑料瓶。

③抛起塑料瓶，在空中从上往下翻转180度再抓住它。

④能够出色地完成就算非常成功。

⑤试试10次有多少次成功吧。

要点

不是往上抛而已，为了使之翻转，试试运用手腕来抛塑料瓶。

应用

试试单手吧（左、右手）。

试试翻转一周（360度）再抓住塑料瓶吧。

11. 拳头平衡

所需时间：约5分钟

等级：普通

同样用拳头，不同场合的话，玩法也会不同。

玩法

①每个人各自准备1个塑料瓶。

②手握成拳，将塑料瓶放在手背上。

③尽量保持长时间的平衡。

要点

试着找出塑料瓶放在拳头哪个部位最容易保持平衡。

应用

试试把塑料瓶放在拳头的各个部位吧。

用另外一只手试试吧。

将手摊成“布”状或做成“剪刀”状进行尝试。

第4部分　使用手帕来活动身体

工具：手帕

手帕大小不限。

每人各准备一块手帕。

主要目的和效果

舒展身体

认知活动的物体

精巧性（灵活度）的维持和提高

注意力的维持和提高

拓宽交流

缓解压力

1. 抢手帕

所需时间：约5分钟

等级：简单

将注意力全部集中到手上，来一场真正的比赛吧。

玩法

①两人为一组，一组准备1块手帕。

②其中一人，单手拿住手帕（守）。

③另外一人，迅速地抢过手帕（攻）。

④每一轮结束，两人互换攻守再进行下一轮，共进行5轮。

要点

沉着冷静，慢慢仔细地做好准备后再开始。

应用

还可以互相用另一只手进行尝试。

2. 飞镖游戏

所需时间：约5~10分钟

等级：普通

瞄准目标进行投掷，这该是老年人得心应手的事情吧。

玩法

①每人准备1块手帕。

②将手帕搓成细长圆柱状，并在一头打一个结。

③准备一张桌子，放置在距离身体约1米处。

④瞄准桌面将手帕投放上去。

⑤如能正好将手帕投掷到桌面，那就成功了。

要点

领会桌面投标的要领再投手帕哦。

应用

挑战一下投掷10次能成功几次。

将不同颜色和大小的画纸放在桌面当成投掷目标，会更有趣。

3. 抓球

所需时间：约5分钟

等级：普通

用手帕进行抓球游戏的话，感觉就完全不一样哦。

玩法

①每人准备1块手帕。

②将手帕揉成圆球状并向上抛掷。

③接住“圆球”，使它不要落地。

④10~30次左右，确定好目标次数后连续进行。

要点

抛掷的时候，找到一个使自己能容易抓住的点。

应用

尝试用单手（左手或右手）来抓取。

尝试将手帕铺开来抛掷再抓取。

4. 低头

所需时间：约5分钟

等级：普通

估计好下落地点再抓取。

玩法

①每人准备1块手帕。

②将手帕叠成1/4大小。

③将手帕置于头顶。

④将头慢慢低下，手帕掉落时用两手接住。

⑤试试10次里能成功几次。

要点

脊背稍微坐直一些之后再把手帕放上去哦。

应用

试试单手去接。

让手帕往身后掉落，试试将手绕到脊背处去接。

5. 颠锅

所需时间：约5分钟

等级：普通

类似在平底锅中翻转“烤饼”，一起来玩儿吧。

玩法

①每人准备一块手帕。

②将手帕叠成1/4大小。

③手帕放在手心里，将手帕里外翻转，再翻转回原样。

④如果能熟练地翻转那就是成功了。

⑤里外翻转一次算作一回，试试10回中能成功几回。

要点

尝试在脑海中想象用平底锅做菜的场景。

应用

用另一只手也试试吧。

不要将手帕折叠而是使之平铺，再试着用两手将它翻转。

6. 降落伞

所需时间：约5分钟

等级：稍难

将手帕铺开瞄准目的地，下落！

玩法

①每人准备1块手帕和1个塑料瓶。

②将塑料瓶放在距离身体1米处。

③平铺手帕，用两手轻轻地将手帕投出。

④如果手帕落下能将塑料瓶盖住，就算成功。试试10次中能成功几次呢。

要点

不是将手帕扔出去，而是轻轻地让它下落。

应用

试试将塑料瓶的距离调整至2米、3米处。

7. 投镖

所需时间：约5分钟

等级：普通

正因为不容易倒，所以更想将它弄倒。

玩法

①每人准备1块手帕和1只塑料瓶。

②将手帕揉成团状，投出去撞击塑料瓶。

③如果能将塑料瓶击倒，就算成功。

④试试10次中能成功几次。

要点

将塑料瓶间距设置成1米左右。

应用

如果觉得难，就把距离缩短。

如果觉得简单，就把距离增长。

试着增加塑料瓶的个数。

第5部分　使用毛巾来活动身体

工具：毛巾

每人准备一条毛巾。

毛巾选取型号、大小一般在手巾和浴巾之间。

主要目的和效果

舒展身体

维持并提高各个关节的活动性

认知活动的物体。

精巧性（灵活度）的维持和提高

注意力的维持和提高

缓解压力

1. 从脚部绕过

所需时间：约5分钟

等级：普通

完成后，身体是不是变得很灵活呢。

玩法

①每人准备1条毛巾。

②握住毛巾的两端，慢慢穿过一只脚。

③同样穿过另外一只脚。

④能穿过两只脚，就成功了。

⑤试试做10个来回。

要点

不只是脚，努力地抬起膝盖吧。

应用

试着让已穿过的脚回到原处。

试试握住毛巾的一小段来进行。

2. 单手打结

所需时间：约5分钟

等级：稍难

不只用手，还可以用头来试试打出一个结。

玩法

①每人准备1条毛巾。

②将毛巾揉成细长的棒状。

③单手将毛巾打一个结。

④如果能打好结的话就算成功。

要点

打结前，要先将毛巾搓成细长棍状。

应用

试试单手将结解开。

用另外一只手也进行尝试。

3. 从肩部绕过

所需时间：约5分钟

等级：普通

像在洗澡时搓背一样，一起来玩儿吧。

玩法

①每人准备一条毛巾。

②握住毛巾两端。

③不要让手与毛巾分开，绕过肩膀，一直差不多绕到腰部。

④如能很好地将毛巾绕过脊背，就算成功了。

要点

不要操之过急，先慢慢地将毛巾穿过一边的肩膀。

应用

尝试从另一边的肩膀绕过。

试试握住毛巾的一小段来进行。

4. 抽布不倒瓶

所需时间：约5分钟

等级：稍难

新年演艺大赛中非常常见，老年人在这方面十分熟练。

玩法

①每人准备1条毛巾，1个塑料瓶（2升）。

②将毛巾平铺，并将塑料瓶放置在毛巾一端。

③用两手迅速抽出毛巾。

④如果塑料瓶没有倒，就算成功。

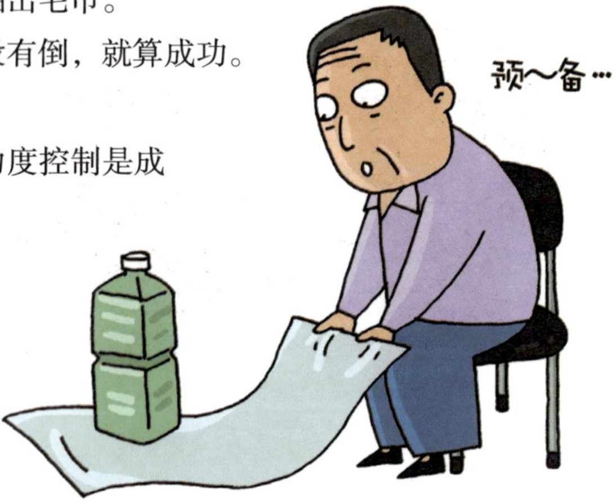

要点

抽出毛巾时的力度控制是成功的关键。

应用

试试变换一下塑料瓶摆放的位置。

试试10次中能成功几次。

5. 扶起塑料瓶

所需时间：约5分钟

等级：简单

百折不挠，不管倒下多少次也努力将它摆正吧。

玩法

①每人准备1条毛巾，1个塑料瓶。

②将塑料瓶倒地放在脚边。

③用毛巾将塑料瓶摆正。

④如果能将瓶子摆正就算成功。

要点

事先将毛巾搓成细长圆柱状会比较好哦。

应用

试试能不能将塑料瓶倒立起来。

挑战一下1分钟能成功多少次。

6. 一拍一接

所需时间：约5分钟

等级：普通

可能会情不自禁地敲击过猛。

玩法

①每人准备1条毛巾。

②在毛巾中间打一个结。

③将毛巾向上抛掷，用手拍一次后，抓住毛巾让它不要落地。

④如能很好抓住的话就是成功。

⑤试试10次中能成功几次。

要点

把毛巾扔得稍微高一些，抓取的时间就变得充裕了。

应用

2次、3次、4次这样增加拍毛巾的次数。

不拍毛巾，改用拍膝盖或摸下头试试。

第6部分　使用音乐来活动身体

工具：歌词卡片

主要是跟着歌曲摆动身体。把歌和身体的活动分开来，先单练歌曲。

除了歌词卡片，在仿造纸或者黑板还有白板上写歌词都可以。

主要目的和效果

舒展身体

发出有力的声音

保持和提高腹部肌肉水平

体验节奏感

和伙伴合作

缓解压力

1. 拍肩（兔与龟）

所需时间：约5分钟

等级：简单

一边喊口号，一边快乐地拍打肩膀吧。

玩法

①自己敲打自己的肩膀8次。

②另一边的肩膀同样敲打8次。

③4次、2次、1次，这样减少次数，最后拍一次手。

④试试一边数数一边喊。

要点

通过发出声音数数，可以较好地控制节拍。

应用

缓慢，正常，快速，像这样改变节拍。

跟着《兔与龟》之歌来做做试试。

2. 握手（兔与龟）

所需时间：约5分钟

等级：简单

握手的时候，可以感受到人性的温暖。

玩法

①两人结为一组。

②用右手握手8次。

③接下来，换左手同样握手8次。

④4次、2次、1次，这样逐渐减少次数，最后两人互相击掌。

⑤试试一边数数一边喊。

要点

通过一起发出声音数数，来更好地控制节拍。

应用

缓慢，正常，快速，像这样改变节拍。

跟着《兔与龟》之歌来做做试试。

3. 石头、剪子、布（故乡）

所需时间：约5分钟

等级：简单

虽说只是石头、剪子、布，但效果也不容小觑，是一种不错的手部运动。

玩法

①边唱《故乡》边活动两手。

②“小兔子”（石头、剪子、布），“追呀追”（石头、剪子、布），“在那山上”（石头、剪子、布），“呀……”（石头、剪子、布）

③反复同样的节拍，直到最后。

要点

一开始把歌和手部动作分开练习会比较好。

应用

不仅是手，身子也一起摆动起来，石头（将身子蜷缩起来），剪刀（两手向前伸出），布（做出万岁的动作）。

4.“砰嗙嗙”（故乡）

所需时间：约5分钟

等级：简单

把手和手相对合，会产生幸福的感觉。

玩法

①两人结成一组。

②“1”的时候击掌，“2、3”的时候互相将手对拍两次。

③试着边唱着《故乡》边进行。

要点

一开始把歌和手部动作分开练习会比较好。

应用

“1”的时候击掌，“2”的时候互相把手对拍，“3”的时候试试将膝盖对碰起来。

5.“乓”和“嘿咔咻”

所需时间：约5~10分钟

等级：普通

不要空气吉他，试试“空气三味线”吧。马上变身音乐达人！

玩法

①随着音乐，做出乐器发出声音的模仿动作。

②乓（乐器“三味线”的模拟声）和“嘿咔咻”（竖笛）。

③嘶嗒嗒叩嗒（小鼓声）、咔坡咔坡（鼓声）。

要点

不要一下子全都进行，首先从一个一个仔细地记忆开始。

应用

每一个乐器都选定一个演奏人。

6.“1、2、3”的手指操

所需时间：约5分钟

等级：简单

不仅手指，头部也一起来做吧。

玩法

①跟随着台词的数字摆动手指。

②1是1根，2是2根，往下也是一样。

③“1、2、3”“2、4、5”“3、1、2、4、2、4、5”。

④边发出声音边来做动作。

要点

一开始，先只练习手指的伸出动作。

应用

缓慢，正常，加快，再加快，像这样改变一下节拍。

7.“咕啪”节奏

所需时间：约5分钟

等级：简单

宴会常见的秋田民谣节奏“咚嗙”和“咕啪”的协奏。

玩法

①边唱改换“咚嗙”节奏的歌曲、边舞动起手来。

②“咕咕啪啪、咕啪啪”。

③反复。

④“咕咕啪啪、咕咕啪啪、咕啪啪”的节奏。

要点

先确认好节奏，“咚”为“咕”，“嗙”为“啪”。

应用

缓慢，正常，加快，再加快，这样改变一下节拍。

不仅动手，身体也一起动起来，石头（将身体弯曲蜷缩成团）、布（做出万岁的动作）。

参考文献

1. 张连荣主编，临床实用护理技术——护理人员的必备手册，军事医学科学出版社，2004。

2. 钟华苏主编，居家老年人安全护理技巧，人民军医出版社，2012。

3. ［美］赛尔顿原著，仰曙芬等译，护理沟通技巧（翻译版），人民卫生出版社，2011。

4. 孙素芬主编，现代护理程序与护患沟通技巧，军事医学科学出版社，2008。

5. 石绍南、谌永毅主编，护士沟通技巧，湖南科技出版社，2010。

6. 谢监辉、陈杏芳主编，提高护理工作绩效丛书，护士用药技巧，湖南科技出版社，2012。

7. 巫向前主编，个案护理分析与技巧（护理专业），高等教育出版社，2004。

8. 王玉玲、孙春梅主编，老年人护理与保健指导，青岛出版社，2006。

9. 高玉玲编著，老年人护理保健应知应会，中国轻工业出版社，1997。

10. 李丹、任素杰主编，老年人的保健护理——图说家庭保健护理丛书，北京科学技术出版社，2001。